AF497932

BALLET

DES
SAISONS

REPRESENTÉ

PAR L'ACADEMIE ROYALE

DE MUSIQUE,

Au mois d'Octobre 1695.

Et Remis au Théatre au mois de Février 1700.

A PARIS,

Chez CHRISTOPHE BALLARD, seul Imprimeur
du Roy pour la Musique, ruë S. Jean de Beauvais,
au Mont-Parnasse.

M. DCC.

Avec Privilege de Sa Majesté.

BALLET
DES SAISONS,
PROLOGUE.

L E Théatre repréſente une Campagne embellie de Boccages & de Prairies, coupées par le Fleuve du Permeſſe,
& dans l'éloignement le Mont-Hélicon.

SCENE PREMIE´RE.

MELPOMENE,
Mademoiſelle Du Lac.

EUTERPE.
Mademoiſelle Renaud.

LE PERMESSE, appuyé ſur une Urne.
Monſieur Dun.

Tous trois enſemble.

*H! que ſont devenus nos jours les plus
charmans !*

MELPOMENE.

*Quand pourrons-nous bannir cette ſombre triſteſſe.
Qui regne depuis ſi long-tems
Dans les climats où coule le Permeſſe ?*

4 BALLET DES SAISONS,

MELPOMENE, EUTERPE & LE FLEUVE.

Ah! que sont devenus nos jours les plus charmans!

EUTERPE.

La Gloire trop heureuse,
Du Héros qu'elle sert borne tous les desirs,
Avec elle autrefois nous faisions ses plaisirs :
Non, rien ne peut calmer nôtre douleur affreuse.

MELPOMENE, EUTERPE & LE FLEUVE.

Ah! que sont devenus nos jours les plus charmans!

LE FLEUVE.

Vous éternisez sa mémoire
Par le récit de ses Faits éclattans,
Vous sauvez son grand Nom de l'outrage du tems,
Et tous vos soins sont pour sa gloire.

CLIO,
Mlle Heusé.

La seule Paix a dequoi le charmer,
Préparez vos Concerts & cessez de vous plaindre,
Quoi qu'il puisse se faire craindre
Il aime mieux se faire aimer.

On entend icy un Concert harmonieux, qui annonce l'arrivée d'Appollon.

MELPOMENE, EUTERPE & LE FLEUVE.

Quel bruit, quel douce harmonie,
Vient dissiper nôtre mélancolie ?

Le Permesse se léve & vient sur le Théatre.

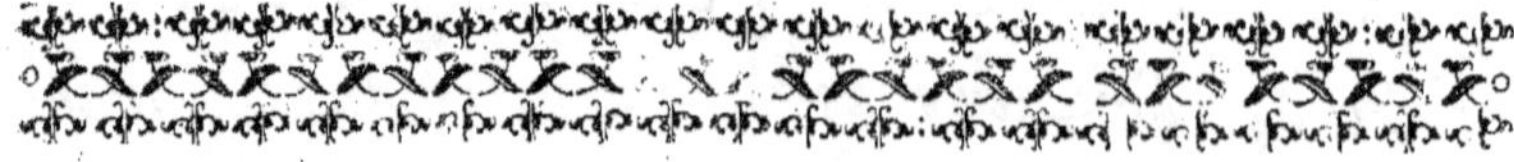

SCENE SECONDE.

LE PERMESSE & LES TROIS MUSES

LE PERMESSE.

MOderez vôtre cours, coulez plus lentement
Impatientes Ondes,
Vôtre murmure trouble un Concert si charmant;
Coulez plus lentement
Impatientes Ondes,

Et vous Divinitez des Eaux,
Sortez de vos Grottes profondes,
Pour écouter des Chants si doux & si nouveaux.

LEs Nymphes & les Nayades sortent des Eaux.

CLIO.

Ce bruit me fait connoître
Qu'Apollon va paroître.

LE PERMESSE.

Nous allons joüir des beaux jours
Par son auguste presence;
Ondes reprenez vôtre cours,
Portez en cent climats sa Gloire & sa Puissance.

SCENE TROISIEME.

LE PERMESSE, LES TROIS MUSES, LES NYMPHES, LES NAYADES.

APOLLON, dans un Char brillant.

Suite du Permesse, chantans.

Mesdemoiselles Cené, Desmâtins la cadette, Provost, Heusé, Basset,
Le-Roy, Loignon, Menmar, Martin & Cazal.

Messieurs Jolain, Gaudechot, Prunier, Frère, Desvoix, Le-Roy, Buhot,
Renard, La Coste, Cadeau, Brunet, Mantienne, Fournier, Poussin,
Pilon, Labé, Thomas, Joanno, Le Brun, Paris, Le Jeune, Moreau,
Solé & Des Hayes.

Suite du Fleuve Permesse, dansans.

Messieurs Blondy, Barazé & Du Moulin l'aîné.

Deux Nayades.

Mademoiselle Dangeville.

Mesdemoiselles Desmâtins & Le Mair.

Suite des Muses.

Monsieur Balon.
Messieurs Germain, Bouteville & Derouhan.
Mesdemoiselles Fréville & Clément.

APOLLON.

Monsieur Thevenard.

*F*INISSEZ *vos soûpirs,*
Je ramene en ces lieux les Jeux & les Plaisirs.
Le plus grand Héros de la Terre
Occupé nuit & jour du soin de ses Sujets
Au mileu de la Guerre,
Leur fait goûter une profonde Paix.

PROLOGUE.

LES TROIS MUSES.

Ses Ennemis troublez redoutent sa colére,
Son bras confond leur orgueil téméraire.

APOLLON.

Admirez ses Vertus, célébrez ses bienfaits,
Qu'il régne sur vous à jamais.

LES TROIS MUSES & LE PERMESSE.

Admirons ses Vertus, célébrons ses bienfaits,
Qu'il régne sur vous à jamais.

APOLLON.

Vivant sous sa conduite
Muses dans vos Concerts,
Chantez ce qu'il a fait, chantez ce qu'il médite,
Et portez-en le bruit au bout de l'Univers ;
Dans ce Récit faites entendre
A l'Empire François ce qu'il doit espérer,
Au Monde entier ce qu'il doit admirsr,
Aux Rois ce qu'ils doivent apprendre.

Ces Vers
sont de
Monsieur
Quinault.

CHOEUR.

Rangeons-nous sous ses Loix,
Il est beau de les suivre.

APOLLON.

Rien n'est si doux que de vivre,
A la Cour de LOUIS, le plus parfait des Rois.

Monsieur
Quinault.

CHOEUR.

Rien n'est si doux que de vivre,
A la Cour de LOUIS, le plus parfait des Rois.

8 BALLET DES SAISONS, PROLOGUE.
APOLLON.

Je vais terminer la querelle
Qui desunit les Saisons aujourd'huy,
Occupez-vous de sa Gloire nouvelle,
Et formez des Concerts qui soient dignes de Luy.

APOLLON s'enléve sur son Char.

LES TROIS MUSES & LE PERMESSE.

De nos charmans Concerts que l'Echo retentisse,
Qu'avec nous tout s'unisse,
Célébrons les fameux Exploits,
Du plus parfait des Rois.

LE PERMESSE & LES CHOEURS.

La Gloire s'attache sans cesse
Aux pas de ce fameux Vainqueur;
S'il fait admirer sa Sagesse,
Il fait redouter sa Valeur.

LES Muses & le Permesse se retirent.

CHOEUR.

Aimons sans nous contraindre,
Nous n'avons rien à craindre;
Jusques dans ses rigueurs
L'Amour a des douceurs,
L'Objet le plus sévére
S'arme en vain de fierté;
Quand on sçait l'Art de plaire,
On est bien-tôt écouté.

Fin du Prologue.

PREMIER

PREMIERE ENTRÉE.

Le Theatre represente une Campagne riante, coupée de plusieurs Ruisseaux, & bordée de Costeaux couverts de fleurs & de verdure. Dans cette premiere Entrée on represente l'amour coquet.

SCENE PREMIERE.

LE PRINTEMPS seul.

'Affreuse Discorde en ce jour
Renouvelle entre nous une guerre fatale;
Chaque Saison tour à tour
Veut l'emporter sur sa rivale.

Mais en vain au Printemps on croit donner la loy,
J'espere qu' Apollon s'expliquera pour moy.

B

BALLET

J'anime toute la Nature,
Des plus affreux hivers j'écarte les frimats,
J'amene les beaux jours, les fleurs & la verdure,
La Terre à mon retour reprend tous ses appas.

Les Ris, les Jeux, la charmante Jeunesse,
Accompagnent toûjours mes pas,
Les Plaisirs me suivent sans cesse,
Tout languit où je ne suis pas.

Pour obtenir la preference
Faisons éclater ma puissance;
Assemblons les Plaisirs avec tous leurs attraits,
Que la Terre embellie étale mes bien-faits,
Que la brillante Flore & le jeune Zephire
Parfument en ces lieux l'air que l'on y respire.

SCENE DEUXIE'ME.

ZEPHIRE seul.

CHarmans ruisseaux, boccages renaissans,
Vous aviez autrefois dequoy flatter mes sens,
Je goûtois à vous voir une douceur extrême;
Si pour mes yeux vous n'avez plus d'appas
Ah! ne vous en offencez pas,
Ils n'en sçauroient trouver loin de celle que j'ayme.

Cloris paroist sans estre apperceuë du Zephire.

Mon cœur inconstant & leger
S'est toûjours fait un plaisir de changer,
A brûler plus d'un jour rien n'a pû le contraindre;
Mais il revient à Flore, elle fixe mes vœux,
Ses appas dans mon ame ont rallumé des feux
Que je ne puis éteindre.
Je voy Cloris.

SCENE TROISIE'ME.

ZEPHIRE, CLORIS.

CLORIS.

Finissez vos regrets,

ZEPHIRE.

Flore ne répond point à mon impatience.

CLORIS.

Dans ces lieux sa presence.
Va bien-tost dissiper vos chagrins inquiets.

ZEPHIRE.

Vous pouvez adoucir les maux de son absence,
Vous estes à mes yeux plus belle que jamais.
Si vous blâmez mon inconstance,
N'en accusez que vos attraits.

CLORIS.

Je ne puis rien comprendre à voſtre humeur legere.

ZEPHIRE.

L'amour eſt un tribut qu'on doit à la beauté

CLORIS.

Vos diſcours ne me touchent guere,
Ie connois trop voſtre legereté.

Vous ſentez malgré vous affoiblir voſtre chaîne
Quand vous voyez Flore un moment;
Vous la cherchez avec empreſſement,
Et vous la quitterez ſans peine.

ZEPHIRE.

Le ſeul amour a droit de nous charmer,
A ſon gré ſous ſes loix il nous range;
Eſt-ce ma faute ſi je change
Lorſque d'un feu nouveau ce Dieu veut m'enflamer?

On entend icy un bruit de Muſique, & on
voit la Terre s'embellir.

ZEPHIRE.

Que vois-je? la Terre ſe pare
De ſes ornements les plus beaux;
Quelle douceur ſe meſle au murmure des eaux?
Le Ciel prodigue icy ce qu'il a de plus rare;

Tout y semble charmer les soins de mon amour :
O Dieux ! c'est la brillante Flore,
Les fleurs que sous nos pas la Terre fait éclore
M'annoncent son retour.

SCENE QUATRIE'ME.

ZEPHIRE, FLORE, CLORIS,
Troupe de Nymphes de la suite de Flore.

ZEPHIRE.

BElle Flore, que vostre absence
Expose un cœur fidele à de funestes coups !
Les maux les plus cruels de l'Amour en couroux
N'égalent point la violence
Des maux qu'on souffre en vostre absence.

FLORE.

Me venez-vous offrir de volages amours ?

ZEPHIRE.

Mon cœur brûle pour vous d'une flâme éternelle.

FLORE.

Avant que le Printemps eût finy les beaux jours
Ie le verrois infidelle,
Si je voulois répondre à vostre ardeur nouvelle.

ZEPHIRE.

Non, je ne puis cesser d'adorer vos attraits.

FLORE.

Non, je ne vous croiray jamais.

ZEPHIRE.

Croyez en mes serments, mon amour est extrême.

FLORE.

Ie vous connois mieux que vous même,
Tous vos sermens sont superflus,
Bien-tost vous ne m'aymeriez plus
Si je disois que je vous ayme.

ZEPHIRE.

Vostre froideur pour moy s'explique chaque jour.

FLORE.

Une cruelle experience
Me doit faire craindre l'amour.

Sous une trompeuse apparence
Il triomphe aisément de nostre resistance ;
Helas ! il s'en faut bien quand il nous a soûmis
Qu'il tienne ce qu'il a promis !

FLORE.

Fiez-vous à l'Amour, ses rigueurs inhumaines
Ne doivent point causer de trouble ny d'ennuy ;
Il ne promet jamais de douceurs incertaines ;

Il a dequoy payer les peines
D'un cœur qui s'abandonne à luy.

FLORE.

Jusques dans ses plaisirs il nous force à nous plaindre.

ZEPHIRE.

Cessez de craindre,
Quittez une vaine fierté.

FLORE.

Cessez de me contraindre
Mon cœur n'est que trop agité.

Tous deux ensemble.

Ah! qu'il est mal-aisé quand l'amour est extrême
De resister à ce qu'on ayme.

ZEPHIRE.

Pour triompher des Saisons aujourd'huy.

Le Printemps vient icy faire briller sa gloire;
Secondons ses efforts, une telle victoire
Nous regarde aussi bien que luy.

SCENE CINQUIE'ME.

ZEPHIRE, FLORE, & leur Suite.
LE PRINTEMPS & sa Suite, CLORIS
Troupe de Jeux & de Plaisirs.

LE PRINTEMPS.

J*Eune Zephire, & vous, belle Déesse,*
Rassemblez vos attraits, ma gloire vous en presse;
   Ioignez la douceur des amours
   A la douceur des beaux jours.

ZEPHIRE & FLORE.

Joignons la douceur des amours
A la douceur des beaux jours.

LE PRINTEMPS & LE CHOEUR.

   C'est en vain que la sagesse
   Veut forcer nos sentimens,
   Pour les cœurs que l'amour blesse
   Tous les plaisirs sont charmans;
   Quand on n'a point de tendresse
   On n'a point d'heureux momens.

ZEPHIRE & LE CHOEUR.

Tout cede à vos doux appas, Déesse,
Tout cede à vos doux appas:

                    Quand

Quand par vos yeux l'amour blesse,
Quel cœur ne se soûmet pas ?
Tout cede à vos doux appas, Dêesse,
Tout cede à vos doux appas.

Les Ris, les Jeux, la Jeunesse
Sans cesse suivent vos pas ;
Tout cede à vos doux appas, Dêesse,
Tout cede à vos doux appas.

FLORE.

Amour, tu m'as soûmise encore à ta puissance,
Loin de te faire resistance,
A reprendre mes nœuds j'ay trouvé des appas ;
Je devois éviter une chaîne nouvelle ;
Mais si Zephire enfin est devenu fidelle,
Amour, je te dois trop, je ne m'en repens pas.

ZEPHIRE & LES CHOEURS.

Le Printemps est comblé de gloire,
Il brille dans tout l'Univers ;
Celebrons dans nos Concerts
Sa nouvelle victoire.

FIN DE LA PREMIERE ENTRE'E.

SECONDE ENTRE'E.

Le Theatre represente un Verger magnifique, & dans l'éloignement la Terre
couverte de moissons.

SCENE PREMIERE.
L'ESTE' seul.

Dans cette
seconde En-
trée on repre-
sente l'amour
constant & fi-
delle.

E viens accomplir les promesses
Que le Printemps a fait à l'Univers;
Par tout on voit les champs couverts
De mes abondantes richesses.

Sans moy, sans mon divin secours,
Vainement les mortels commenceroient de vivre;
Bien-tost l'affreuse faim termineroit leurs jours;
C'est moy seul qui les en délivre.

Mes dons sont precieux, on ne me voit jamais
Sans Vertumne, Pomone, & l'aimable Ceres.

SCENE SECONDE.

L'ESTE' VERTUMNE.

L'ESTE'.

*Quelle sombre melancholie
Entretient voſtre rêverie?*

VERTUMNE.

*L'Amour me fait ſentir ſes plus funeſtes coups,
Pomone eſt à mes vœux toûjours inexorable.*

L'ESTE.

*Eſperez un deſtin plus doux,
Il vient un temps où l'Amour favorable
Adoucit ſon couroux,
Il faut ſur les Saiſons remporter la victoire;
Uniſſons nos efforts dans nos communs beſoins,
Triomphons s'il ſe peut, vous partagez ma gloire;
Vous devez partager mes ſoins.*

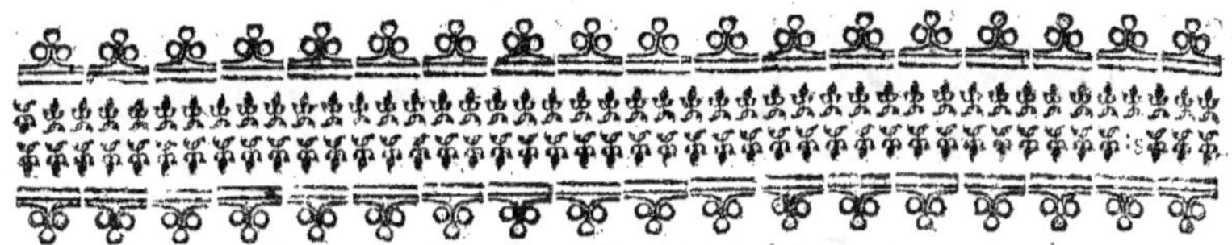

SCENE TROISIE'ME.

VERTUMNE seul.

Que mon destin est déplorable !
Que mon desespoir est affreux !
Amour impitoyable,
Si tu ne veux me rendre heureux,
Ah ! laisse-moy du moins le funeste avantage
De haïr enfin qui m'outrage,
Et de pouvoir briser mes nœuds.

Pomone paroist & veut éviter Vertumne.

Je voy Pomone qui s'avance ;
Elle approche à regret, elle craint ma presence.

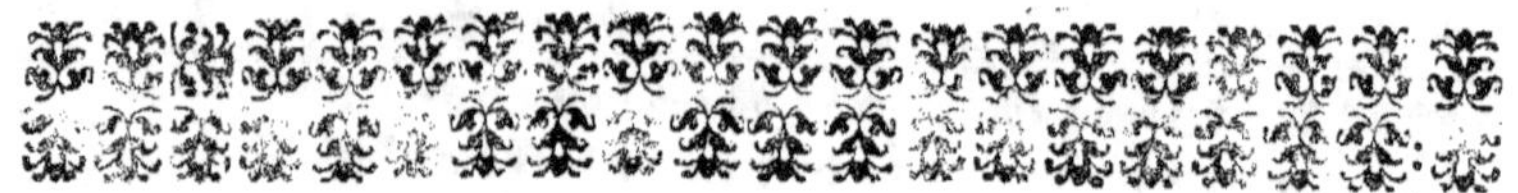

SCENE QUATRIÉME.

VERTUMNE, POMONE.

VERTUMNE.

SI vous m'aviez crû dans ces lieux
Vous m'auriez évité, je le vois à vos yeux.

POMONE.

Je fuis l'Amour avec un soin extréme,
Vous m'en parlez toûjours, je ne veux plus vous voir ;
Je crains son funeste pouvoir ;
Je ne vous fuirois pas si vous estiez de mesme.

VERTUMNE.

Non, vous ne fuyez point l'Amour,
Vous fuyez un amant que vostre cœur dédaigne ;
Ah ! je ne voy que trop ce qu'il faut que je craigne ;
Vostre haine pour moy redouble chaque jour.

POMONE.

Mon cœur n'a contre vous ny haine ny colere,
Si je vous haïssois je ne vous fuirois pas ;
Je redoute un penchant à mon repos contraire,
L'Amour incessamment vous attache à mes pas,
Je fuis ses dangereux appas.

V E R T U M N E.

En vain je me fais violence,
Je jure chaque jour de ne vous voir jamais,
Et de forcer mon amour au silence ;
Si-tôt que je revoy vos dangereux attraits
Je ne me souviens plus des sermens que j'ay faits.

P O M O N E.

Ne vous rebutez point, osez tout entreprendre ;
On peut vaincre l'Amour avec un peu d'effort ;
Il n'est jamais le plus fort
Quand on veut bien s'en deffendre.

V E R T U M N E.

C'est par vos yeux qu'il regne dans les cœurs,
A ses dangereuses douceurs
Dés qu'on vous voit il faut se rendre ;
N'aymerez-vous jamais à vostre tour ;
Vous disposez de l'Amour,
Pour en donner, & pour n'en jamais prendre.

P O M O N E.

Vous ne cherchez qu'à troubler ma raison,
Il ne faut qu'un moment pour se laisser surprendre ;
Je dois de vos discours éviter le poison,
Et je ne veux plus les entendre.

VERTUMNE.

Ingratte c'en est fait, je ne vous verray plus,
Je suis trop rebuté par vos cruels refus,
Vos mépris contre moy n'ont que trop sçeu paroistre.

POMONE.

O Dieux!

VERTUMNE.

Quoy vous plaignez mon destin rigoureux!

POMONE.

Je ne connoissois point les tourmens amoureux;
Ah! pourquoy voulez-vous me les faire connoistre?

VERTUMNE ET POMONE.

L'Amour soûmet les hommes & les Dieux;
Tout ce qu'on fait pour s'en deffendre
Ne sert qu'à rendre
Son triomphe plus glorieux.

VERTUMNE.

Ah que l'Amour a peu de gloire!
Lors que par vous il triomphe d'un cœur;
Ses traits n'ont point de part à sa victoire,
De son triomphe il vous doit tout l'honneur:
C'est par vos appas qu'il est vainqueur,
Il ne faut que vous voir pour le croire;
Ah que l'Amour a peu de gloire!
Lors que par vous il triomphe d'un cœur.

Cerès paroist.

POMONE.

Ceres vient honorer ces lieux de sa presence.

SCENE CINQUIE'ME.

CERES, VERTUMNE, POMONE.

CERES.

JE vois avec plaisir vos cœurs d'intelligence,
Vertumne, enfin, n'est plus si rébuté :
Que sur nos foibles cœurs l'Amour a de puissance!
On s'arme contre luy d'une vaine fierté.

CERES, VERTUMNE ET POMONE.

Il faut ceder, il faut se rendre
En faveur d'un amour si tendre & si charmant :
Quel cœur peut long-temps se deffendre
Contre un parfait amant ?
Il faut ceder, il faut se rendre
En faveur d'un amour si tendre & si charmant.

VERTUMNE.

Je n'ay point de regret aux rigueurs de mes chaînes,
J'en suis assez récompensé;
Qu'avec plaisir quand l'orage est passé
On se ressouvient de ses peines !

CERES.

CERES.

Ah ! faut-il que voſtre bonheur
Rappelle à mon eſprit ma perte trop fatale ?
Le Dieu dont l'Univers adore la grandeur,
Brûloit pour moy d'une ardeur ſans égale ;
Helas ! il me prefere une heureuſe rivale ;
J'ay perdu pour jamais ſon cœur ;
Ah ! faut-il que voſtre bonheur
Rappelle à mon eſprit ma perte trop fatale ?

Aprés tant d'injuſtes rigueurs
Pomone, enfin, aime un Dieu qui l'adore ;
D'une amour mutuelle ils goûtent les douceurs ;
Tandis que je verſe des pleurs
Pour un ingrat que j'ayme encore
Malgré ſes volages ardeurs.

VERTUMNE.

Les plus grands Dieux ont leurs foibleſſes.

CERES.

L'Eſté vient en ces lieux étaler les richeſſes
Qui comblent l'eſpoir des humains
Uniſſons-nous à ſes deſſeins.

D

❦❦❦❦❦❦❦❦❦❦

SCENE SIXIE'ME.

L'ESTE', CERES, VERTUMNE, POMONE.
Suitte de l'Esté.

Tous quatre ensemble.

PAr une sage prévoyance
Des bien-heureux mortels nous comblons les desirs ;
Ce n'est que dans l'abondance
Qu'on voit regner les plaisirs.

CERES.

Les mortels n'ont plus rien à craindre ;
Pour répondre à leurs vœux
J'ay suspendu les soins de mon cœur amoureux :
Helas ! je suis seule à me plaindre
Quand je rends tout le monde heureux !

Je ne pretends point vous contraindre
Joüissez de vostre bonheur,
Laissez-moy ma douleur.

Ceres sort.

L'ESTE'
Un sort heureux suivra nostre entreprise,
Ceres nous favorise,
Nos plus fiers ennemis
Seront étonnez & soûmis.

CHOEUR.

Nos plus fiers ennemis
Seront étonnez & soûmis :
Ceres nous favorise,
Un sort heureux suivra vostre entreprise ;
Nos plus fiers ennemis
Seront étonnez & soûmis.

L'ESTE'.

Dans le bel âge à quoy bon vous contraindre ?
Jeunes beautez laissez-vous enflammer,
Rien n'est si doux que le plaisir d'aimer ;
L'indifference est tout ce qu'il faut craindre.

CHOEUR.

Rendez-vous beautez cruelles,
Profitez d'un temps si doux ;
L'Amour sur les cœurs rebelles
Fait éclatter son couroux ;
Ses atteintes sont mortelles,
Pourquoy luy resistez-vous ?

Une Nymphe de Pomone.

Contre l'Amour la resistance est vaine,
Nous ne pouvons en deffendre nos cœurs :
Quand nous croyons avoir fuy ses douceurs
Nostre penchant toûjours nous y rameine.

BALLET

Second Couplet.

Ne fuyez point ſes rigueurs inhumaines,
Preparez-vous à de douces langueurs ;
Si quelquesfois il fait verſer des pleurs,
Un doux moment fait oublier ſes peines.

VERTUMNE & POMONE.

Que nous avons perdu de precieux momens !
Que noſtre ardeur me paroiſt belle !
Ah ! que mon cœur ſouffriroit de tourmens
Si vous deveniez infidelle !

L'ESTE'.

Tout flatte noſtre eſperance,
Nous vaincrons aiſément nos ennemis jaloux ;
L'Amour & l'Abondance
S'uniſſent avec nous.

L'Eſté, Vertumne & Pomone ſe retirent.

CHOEUR.

Chantons la victoire nouvelle
Du Dieu qui comble nos ſouhaits ;
Au milieu des horreurs d'une guerre cruelle
Nous joüiſſons des douceurs de la paix :
Redoublons noſtre Zele,
Publions à jamais
Sa gloire & ſes bienfaits.

FIN DE LA SECONDE ENTRE'E.

TROISIÉME ENTRÉE.

Le Theatre represente de riches Côteaux couverts de Vignes, separées d'espace en espace d'Arbres chargez de fruits, qui se joignent les uns aux autres par des festons de Pampres. *Dans cette Troisiéme Entrée on represente l'Amour paisible, ou l'Amour dans le Mariage.*

SCENE PREMIERE.
L'AUTOMNE seul.

*M*On retour des mortels est toûjours souhaitté,
Je remplis leur espoir, & mon soin ordinaire
Est d'achever ce que l'Esté
Ny le Printemps n'avoient pû faire ;
Je produis la douce boisson
Qui bannit de nos jeux l'importune raison.

Bachus , ce Vainqueur indomptable,
Sans cette liqueur delectable
N'auroit jamais fini tant de fameux exploits :
A longs-traits il puisoit à table
Cette valeur incomparable
Qui fit passer l'Orient sous ses loix.

Ariane s'avance ,
D'un air sombre & rêveur
Elle attend icy ce Vainqueur ;
Ne troublons point son amoureux silence.

SCENE SECONDE.
ARIADNE, CEPHISE.

CEPHISE.

QVand tous vos vœux sont satisfaits
Pourquoy chercher la solitude ?

ARIADNE.

Amour laisse mon cœur en paix.
CEPHISE.
Calmez de vostre cœur la triste inquiétude,
Bachus brûle pour vos attraits.
ARIADNE.
Amour cruel, Amour laisse mon cœur en paix !

Un songe horrible m'épouvante,
Au milieu du sommeil j'ay crû voir ce Vainqueur ;
C'estoit luy, j'en fremis d'horreur,
Il soûpiroit aux pieds d'une nouvelle amante,
Il luy juroit une éternelle ardeur ;
J'estois interdite & tremblante ;
En vain je luy montrois le trouble de mon cœur,
Le perfide voyoit d'une ame indifferente
Et mon amour & ma douleur.

CEPHISE.

Pouvez-vous sur la foy d'une vapeur legere
Qui vous trace en dormant un mal imaginaire,
Livrer à la douleur tant de charmans appas.

ARIADNE.

Je voudrois étouffer mes soupçons ; mais, helas !
Tout me fait écoûter ce funeste presage,
Le cœur de Bachus se dégage
Malgré tous ses détours je voy son changement.

CEPHISE.

Tant d'amour pourroit-il changer en un moment ?

Pour engager nostre cœur à se rendre
Un moment suffit à l'Amour,
Quand un juste dépit nous force à le reprendre
Que l'on seroit heureux s'il ne falloit qu'un jour !

ARIADNE.

Je ne m'abuse point ma peine est sans égale,
Ah! si vous voulez me servir
Vous m'aiderez à découvrir
Mon heureuse rivale.

CEPHISE.

Je voy Bachus, il vous cherche en ces lieux.

ARIADNE.

Avec quelle froideur l'ingrat s'offre à mes yeux!

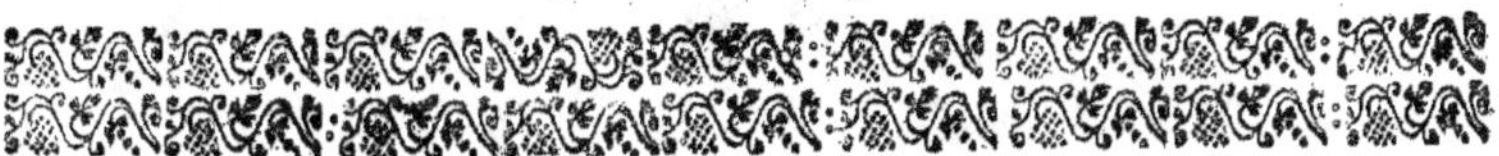

SCENE TROISIEME.

BACHUS, ARIADNE.

ARIADNE.

Vostre naissante ardeur me paroissoit extrême,
Rien ne devoit briser un lien si charmant,
Vous n'avez plus pour moy les transports d'un amant,
Lorsque pour vous je suis toûjours de mesme.

BACHUS.

A vos appas victorieux
Rien n'estoit égal sous les Cieux,
Lorsque je vous rendis les armes;
On voit toûjours en vous briller les mesmes charmes,
Et j'ay pour vous les mesmes yeux.

ARIANE.

ARIADNE.

Voſtre cœur loin de moy chaque jour vous entraîne,
Il ſe fait de nos feux un importun devoir;
Je vous cherche toûjours, vous me quittez ſans peine,
Et ce n'eſt plus l'Amour qui vous rameine
Quand vous cherchez à me revoir.

BACHUS.

L'Amour de deux Epoux doit eſtre plus paiſible,
Mon cœur ſera toûjours ſenſible
A vos charmans appas;
Mais je veux, s'il eſt poſſible,
Vous aymer ſans embarras.

ARIADNE.

Un ſonge affreux avoit troublé mon ame,
Avec trop de raiſon,

BACHUS.

D'une jalouſe flâme
Evitez le poiſon.

ARIADNE.

O Ciel! quelle froideur! mon trouble s'en augmente;
Dois-je me raſſeurer, & puis-je eſtre contente,
Lorſque vous trahiſſez nos feux:
Helas! qu'il eſt facile
De vouloir que l'on ſoit tranquille
Quand on ne connoiſt point les tourmens amoureux!

E

BACHUS.

Mon ardeur est sincere,
Pourquoy vous plaignez-vous
D'un amour qui n'est point jaloux ?
On ne trouve guere
Un amant dans un Epoux.

ARIADNE.

Qu'un amour delicat & tendre
Expose à de maux rigoureux !
La raison ne peut nous deffendre
Des noirs chagrins qui viennent nous surprendre :
Ah ! que c'est un mal dangereux
Qu'un amour delicat & tendre !

BACHUS.

L'Automne vient, contraignez-vous,
J'auray soin de calmer tous vos soupçons jaloux.

SCENE QUATRIEME.

L'AUTOMNE, BACHUS, Suite de l'Automne,
Trouppe de Vandangeurs.

L'AUTOMNE.

NOs cotteaux delicieux
Sont enrichis de vos dons precieux ;
Vostre liqueur douce & brillante
Va remplir nostre attente.

BACHUS.

Je fais mon suprême bonheur
De donner aux mortels cette boisson charmante ;
Par son divin secours une ame languissante
Voit du plus noir chagrin dissiper la vapeur.

Bachus sort.

L'AUTOMNE.

L'Amour fait aux mortels une cruelle guerre,
Il desole toute la Terre ;
Entre Bachus & luy quel cœur peut hesiter ?
Lorsqu'aux loix de Bachus une ame est asservie,
Il sçait la garentir des troubles de la vie,
Et l'Amour vient les augmenter.

Trois Vandangeurs.

Que tes loix ont d'appas, qu'il est doux de s'y rendre !
Bachus c'est de toy seul que mon cœur veut dépendre ;
Si quelquefois tu troubles la raison
C'est pour la garentir du dangereux poison
Que l'Amour y pourroit répandre.

Un Vandangeur.

Que l'Amour seroit dangereux
Si Bachus ne rendoit son pouvoir moins terrible !

Les trois Vandangeurs.

Que l'Amour seroit dangereux
Si Bachus ne rendoit son pouvoir moins terrible !

E ij

BALLET
L'AUTOMNE.

Mortels unissez-les tous deux
Et voftre fort fera paifible.

L'Automne & les Vandangeurs,

Unissez-
Uniffons- } *les tous deux*

Et { *voftre*
noftre } *fort fera paifible.*

FIN DE LA TROISIE'ME ENTRE'E.

QUATRIE'ME ENTRE'E.

Le Theatre reprefente dans l'enfonce-
ment un Palais magnifique, dont la
face principale donne fur une Place pu-
blique, & l'autre fur un Jardin à qui
l'Hyver n'a pas encore ôté tous les agré-
mens.

Dans cette quatriéme Entrée on reprefente l'Amour brutal.

SCENE PREMIERE.

L'HYVER feul.

JE fors de ma grotte profonde,
Je regne avec horreur fur la Terre & fur l'Onde;
Mais malgré ma rigueur la Saifon des Zephirs
Raffemble moins que moy de jeux & de plaifirs.

J'interromps les exploits des Vainqueurs de la Terre
Quand je viens glacer les guerets ;
Lorsqu'aux mortels je declare la guerre
C'est pour les faire vivre en paix.

Dans nos climats glacez, l'amoureuse puissance
Ne trouve point de resistance ;
Et le froid Borée à son tour
Vient de se rendre aux charmes de l'Amour.

SCENE SECONDE.

BORE'E AQUILON.

AQUILON.

JE ne puis concevoir le trouble de vostre ame.
BORE'E.

L'Amour d'un trait de flâme
Vient de percer mon cœur en ce fatal moment ;
J'ay voulu par malheur sur la belle Orithie
Jetter un regard seulement ;
J'ay vû d'un prompt effet mon audace suivie ;
Que je payeray cherement
Ce temeraire empressement !

AQUILON.

Malgré nos vains détours l'Amour sçait nous sur-
prendre,
Des cœurs les plus glacez il bannit la froideur ;

C'est une erreur
De croire qu'on peut s'en deffendre ,
C'est une erreur
De l'oser entreprendre.

BORE'E.

En vain mon cœur s'estoit flatté
De deffendre sa liberté
Contre ce tyran redoutable ;
Il estoit fier d'estre indompté ,
Mais il n'estoit pas indomptable.

AQUILON.

Sur le Dieu des climats glacez,
L'Amour vient aujourd'huy de signaler sa gloire.

Ensemble.

Aprés une telle victoire
Quels cœurs ne seront point blessez.

BORE'E.

Que vois-je, ô Ciel! c'est Orithie :

Il l'observe.

Elle soûpire, elle rêve en ces lieux ;
Ah! je vois à ses yeux
Que le cruel Amour tient son ame asservie :
O Dieux! que d'attraits! que d'appas!
Que je suis agité d'amour & de colere!
Cachez-vous Aquilon, ne vous éloignez pas
Bien-tôt vostre secours me sera necessaire.

SCENE TROISIE'ME.

BORE'E ORITHIE.

ORITHIE ſans appercevoir Borée.

ME plaindrai-je toûjours, Amour , ſous ton
Empire ?
Ne ſeras-tu jamais favorable à mes vœux ?
On me fuit & mon cœur eſt toûjours amoureux,
Sans eſpoir de ſecours je languis, je ſoupire ;
Me plaindray-je toujours, Amour, ſous ton Empire?
Les plus ſombres forets , les antres les plus creux
Sont les témoins ſecrets de mon cruel martire,
Et les Echos touchez de mes cris douloureux,
Se laſſent de redire
Que mon ſort eſt affreux:
Me plaindray-je toujours , Amour , ſous ton Em-
pire ?
Ne ſeras-tu jamais favorable à mes vœux.
BORE'E ſans eſtre apperceu.
Qui peut à ſon cœur amoureux
Cauſer cette ſombre triſteſſe ?
Ciel ! quel eſt cet amant heureux?
ORITHIE ſans l'appercevoir.
Jaloux ſoupçons d'un amour malheureux
Voulez-vous m'allarmer ſans ceſſe ?

Vous

Vous ne paroissez point cher objet de mes vœux,
Zephire, se peut-il qu'un nouveau feu vous presse ?
Non vous m'aymez, un amour soupçonneux
Offenceroit vostre tendresse :
Jaloux Soupçons d'un amour malheureux,
Voulez-vous m'allarmer sans cesse ?

BORE'E à part.

Zephire est cet heureux amant
Qui cause mon cruel tourment.

BORE'E à ORITHIE.

Vous ne connoissez point encor, belle Princesse,
Tous les amans que vous avez soûmis.

ORITHIE.

O Dieux !

BORE'E.

Comme à Zephire il doit m'estre permis
De parler du trait qui me blesse.

ORITHIE.

Non, Zephire ne m'ayme pas,
Il brûle pour d'autres appas.

BORE'E.

Non, vous entreteniez dans cette solitude
Vostre amoureuse inquietude.

ORITHIE.

Je n'ay jamais senti ny l'amour ny ses traits,
Non, je ne veux aymer jamais.

F

BALLET
BORE'E.

Zephire vous adore, il a trop sceu vous plaire ;
Mais si dans son amour il demeure obstiné ,
Je sçauray bien punir l'audace temeraire
Où son cœur s'est abandonné.

ORITHIE.

Juste Ciel!

BORE'E.

Son peril fait naistre vos allarmes ,
Vous ne pouvez cacher vos larmes.

ORITHIE.

Non, ce n'est point l'Amour qui cause mon ennuy ;
La pitié seulement m'interesse pour luy.

BORE'E.

Il faut que vostre cœur aujourd'huy se refuse
Aux tendres sentimens dont vous payez ses feux.

ORITHIE.

Vous m'accusez à tort.

BORE'E.

Est-ce ainsi qu'on m'abuse ?
Preparez-vous à m'obeïr.

ORITHIE.

Qu'entens-je ?

BORE'E.

Mon amour ne veut point de replique.

ORITHIE.

Eſt-ce ainſi que l'Amour s'explique ?
Eſt-ce ſe faire aymer, ou ſe faire haïr ?

Porte ailleurs les fureurs où ton cœur s'abandonne,
Ton amour m'irrite & m'étonne :
Quel cœur d'un tel amour ne ſeroit point ſurpris ?
Va n'eſpere de moy que hayne & que mépris.

BORE'E.

Sans eſpoir de ſecours pretendez-vous contraindre
Mon cœur à s'enflâmer ?
Si je ne puis me faire aymer
Je ſçauray bien me faire craindre.

Aquilons, répondez à mes vœux empreſſez,
Volez, conduiſez-nous dans les climats glacez.

ORITHIE.

Quelle barbare violence !
Ciel ! ô Ciel ! prenez ma deffenſe.

SCENE QUATRIEME.

APOLLON paroiſt dans un Char brillant.

LES QUATRE SAISONS.

Quel noble ſpectacle s'avance !
Apollon & ſa Cour
Vient honorer ce grand jour
De ſon auguſte preſence.

APOLLON.

Quel intereſt vous force à vous détruire
Dieux des Saiſons qui partageZ mon cours !
Pourquoy cherchez-vous à vous nuire !
Vous donnez tous aux mortels d'heureux jours.

Le doux Printemps amene l'eſperance,
L'Eſté vient avec l'abondance,
Et l'Automne produit le Nectar precieux
Qu'on boit à la Table des Dieux.

Les Jeux ſuivent l'Hyver, c'eſt luy qui les raſſemble ;
Vous avez tous un employ glorieux,
Vous rendez heureux enſemble
Tout ce qu'on voit ſous les Cieux.

Sans vous piquer de preference,
Soyez toujours d'intelligence,
Et joüiſſez des Jeux & des Plaiſirs
Que l'Hyver offre à vos deſirs.

CHOEUR.

Sans nous piquer de preference,
Soyons toujours d'intelligence :
Redoublons nos Concerts,
Et faisons retentir dans le vague des airs
Nostre réjoüissance.

SCENE CINQUIEME.

APOLLON, LES QUATRE SAISONS,
& leur Suite.

APOLLON.

Les Saisons ont banny la Discorde cruelle,
Celebrez leur gloire immortelle,
Joüissez desormais sans trouble & sans chagrin
Des douceurs d'un heureux destin.

MOMUS.

Aymables Jeux, faites-vous reconnoistre,
Venez, venez, hastez-vous de paroistre,
Sous de nouveaux déguisemens
Formez de cette Cour les doux amusemens.

SCENE SIXIE'ME.

Les mesmes Acteurs de la Scene precedente,

Troupe de Jeux & de Plaisirs.

LES QUATRE SAISONS.

L E Dieu qui répand la lumiere
   A comblé tous nos desirs ;
Joüissons des plus doux plaisirs
Pendant qu'il suivra sa carriere.

Le Chœur reprend ces quatre derniers Vers.

Fin de la quatriéme & derniere Entrée.

www.ingramcontent.com/pod-product-compliance
Lightning Source LLC
LaVergne TN
LVHW021156200726
843510LV00001B/394